La vigilia de todas las islas

José Alejandro Peña

José Alejandro Peña nació el 9 de julio de 1964, en Santo Domingo, República Dominicana. Emigró a los Estados Unidos en 1995, adoptando la ciudadanía norteamericana.
Graduado con una licenciatura en Artes y Estudios Internacionales en West Virginia State University, donde también estudió dirección cinematográfica. En 1986 obtuvo el Premio Nacional de Poesía con su libro *El soñado desquite.*

Libros publicados:
Iniciación Final (1984), *El soñado desquite* (1986), *Pasar de sombra* (1989), *Estoy frente a ti, niña terrible* (1994), *Blasfemias de la flauta* (1999), *Mañana, el paraíso* (2001), *El fantasma de Broadway Street y otros poemas* (2002), *Suicidio en el país de las magnolias* (2008), *Trampantojo* (2016), *El caballo de Atila* (2021), *Cóctel para sonámbulos* (2021), *Dejad hablar al viento* (2021), *Esperpéntico, antiarcangélico y sexualísimo* (2021), *Pavor en el país natal* (2021).

En inglés se encuentran publicados *Blasphemies of the flute* (Essential Icon Press, Nebraska, 1999) y *Tomorrow, the Paradise* (Xlibris, 2001).

La vigilia de todas las islas

José Alejandro Peña

Tercera edición

Obsidiana Press
publicatulibro.eu

La vigilia de todas las islas

Primera edición, 2003
Segunda edición, 2010
Tercera edición, 2021

ISBN 978-1-960434-17-3

Obsidiana Press
publicatulibro.eu
obsidianapress.com

obsidianapress@gmail.com

Niveles de sospecha

Niveles de sospecha

La poca simpatía
realiza la función
del grito
y origina lo real
combinando levadura
y prejuicio.

La realidad oscila ante aquello
que la impulsa
buscando una salida oblicua
suma de lo comprensible
y lo corriente.

La subversión se mide
con el pulgar y el índice
siempre al mediodía
y contrariando los niveles
de sospecha
misticismo de los clavos
que se oxidan en la frente
hilo fofo de todo lo real.

Para jugar el juego del tantán

Para unir los extremos derribamos el puente
y quemamos los cimientos con la voz
tan álgida y delgada del cuchillo
porque pesa la luz más que las piedras.

Para pasar las trincheras sin ser vistos
pegamos con el codo al compañero muerto
que se ha quedado contemplando
las nubes sin color

porque hay una guitarra desangrándose
y un canto que la sigue adonde quiera.

Para jugar el juego del tantán
arriesgamos la garganta
los pulgares y los triles.

No se ha de temer a las variantes

La bruma se escapa del tintero
como un pájaro
y se esfuma siete veces la coraza
del guerrero.

A mí también
a veces
la bruma me da grima
y las palabras turbias
me cansan me marean.

Por eso ha de ser poca mi razón
y abundante mi locura
porque son circunstanciales
los budas y los trenes.

Lo esencial es comprender
y ya comprendo bastante.
Comprendo por ejemplo
que las proporciones son
las proporciones
y que no se ha de temer
a las variantes.

La gente desabrida

Comprendo la función del grito
y la poca simpatía que produce.
Es mejor ser arisco y cejijunto
que tolerar a los imbéciles.

Es mejor ser afable alegre
y compasivo que cruel
y desdeñoso. Sin embargo
nunca somos lo que somos
ni sabemos absolutamente nada.

Vivimos todo el tiempo
pretendiendo ser alguien o algo
para ser admirados por gente desabrida
vana o miserable.

Vivimos como hormigas
una vida de hormiga
presumiendo grandeza
y levedad.

La ratonera giratoria

Así no debe acomodarse
la metáfora anemófila
y viril ni se ha de separar la lengua
de los dientes ni calcular las excedencias
con piedritas.
Congela las palabras y repítelas
cien veces de modo que no duela a nadie
el adjetivo
el coito
la cerveza
o no sé qué estrambótico mucílago.
Endulza tu café con tinta de calamar
o súbete al autobús tan sólo con la mente
o deja tu equipaje en el andamio
y vete caminando al fin del mundo.
Sea lo que sea que decidas hacer estás jodido.
A nadie importa si eres tan brillante como
Shakespeare o si eres una mierda paleolítica.
Escribe tu poema "verdadero"
con palabras verdaderas y sagaces
sacúdete el estiércol
que las nubes depositan sobre ti mientras caminas.
Primero el sustantivo y luego priorizar
porque mañana si caemos bien en cuenta
se resbala el exotismo

y aquí no valen las perplejas
noticias del periódico
ni los budas semi-calvos
ni los genios de vitrina
que transforman la ciudad
en ratonera giratoria.

Las hojas secas que yo empujo con mis pies al caminar

Siempre que tengo tiempo
paseo por el mar.
Y a veces me quedo muy tranquilo
en este parque sucio
abandonado.
Tengo pocos amigos
y sé que moriré distante
con todas las riquezas
que he logrado
acumular:
un perro siberiano que ladra
a las palomas
una tortuga hermafrodita
que cuenta mis latidos
una corneja disfrazada de arbusto
o de charada
y las hojas secas que yo empujo
con mis pies al caminar.

Día tras día

Entre bordadas luces clandestinas
un sistro bosquejado en parco alivio
un estornino echando en una zanja
a la tormenta
y apaleando el lívido cadáver del tormento
mientras una corneja desgarra nuestra piel
con una pluma
y se deshila y daña la luz todo lo que puede.
Esas luces locuaces se licúan
y secretan un transparente olor melódico
muy rojo
tan rojo y dividido como un tren de juguete
que va a descarrilar.

Yo sé de lo que hablo porque he vivido
entre la piedra y el lodo
y sé que las palabras no ayudan
a los hombres a resolver ningún problema
las palabras y las luces
arruinan demasiado
y si eres manso y crédulo
más hondo calará en tu frente
la flecha que te lanzan día tras día.

Legítima defensa

Voy en el tren de medianoche
ebrio y hechizado
pensando en la ciudad
y en los muros que se alzan frente a frente
para aplastar a los hombres mientras duermen.

Yo no duermo ni de noche ni de día
no por miedo a ser aplastado
por un enorme pie de bronce.

No duermo porque quiero ver el rostro
de quien quiere asesinarme:
muchos son los que se afanan
pero pocos los que cumplen su misión.

Si mi asesino falla
ya no podré confiarle nunca más mi muerte
y tendré que actuar en mi defensa.

Invocaré a los dioses por si quieren
mediar en circunstancias sucedáneas:
el fuego y la arena sustituyen
mis ojos mientras duermo
mis palabras son desde muy antes
instrumento para el caos como la nieve.

Tinta

Por defenderme de los otros
he sido condenado a vivir entre ellos
cabecitas de corcho conservadas en alcohol
ebrias casi siempre de iracundia
se alienan y arrodillan
y penden de los hilos
como el guiñol del dedo hábil.
Por defender mi dignidad
he perdido la poca buena suerte
que jamás pude tener.
Por rozar mi endeble cuerpo
con hetairas en los puertos
aunque quiera no puedo
desprenderme de la luz
que mora en mí como el papel
que lucha con la mancha de tinta
hasta quedarse blanco
y continuar.

El salto

Cuando digo luz quiero decir sombra
y cuando digo sombra
se me aflojan las rodillas.
Miro frente a mí la estepa
desolada y tenebrosa
y sé que ya muy pronto
me rodearán los lobos.

Escucho viejos pasos transcurrir en la noche
y por el día se amotinan y me animan a seguir
en vía contraria.

Siempre que dicen noche digo día
si dicen "nunca" digo "ya veremos".
Se encogen para dar el salto
y yo los miro saltar y me contengo.
Prefiero demorarme todo un siglo
torpe
ambivalente
a tomar atajos vergonzosos.

Como Nietzsche

Porque leyeron a Goethe y a Tolstoi
porque vivieron en un ghetto de París
de Nueva York y repasaron el Ulises
de James Joyce se enorgullecen.
Yo leo a Tolstoi de vez en cuando
y leo a Goethe sin inflarme.

Creen que son mejores personas por haber leído
la Biblia y el Corán. Otros se creen budas
por haber cruzado las piernas para verse las
plantas de los pies espantosamente fétidas.

Hablan como si escribieran
manuales filosóficos
y juran haber dormido
nueve horas bajo el agua
como Nietzsche.

Como Nietzsche van con uniforme a todas partes
juntando piedras en un cubo de metal para que
suenen.

Cuando ladran los perros

Ergofobia del centauro

Porque decido estar inmóvil
mirando a los lagartos escondidos
en las rejas oscilantes de los botes
que se pudren a la orilla del pañuelo
y decido pensar hondo
y quedarme varias noches
sin cenar
porque prefiero sacar cera
de mi oído
en lugar de abrir mis venas
con el filo de una tóxica cadencia
semejante a la ergofobia del centauro
me convida la ebriedad de mi decir
a no decir siquiera mentalmente
una falacia.

Me revuelvo los cabellos con las manos
rebosantes de ceniza
y espanto pensamientos que se aferran
a contiendas y deseos esfumados.

Se percatan de las ruedas del camión

Se enamoran de la tinta del semblante
y no de los percances del erizo
que conservo respirando en un zapato.

Se enamoran de los ojos del dugongo
y de la duda mal formada
de las verjas de madera

de los rollos de papel higiénico
del oxido de un clavo
de la lluvia de un martes por la noche.

Se percatan de las ruedas del camión
anclado en la autopista.

Se vacían los espejos
de mis propias pesadillas.

Esta noche

Si tú quieres esta noche
mortalmente divina
llévate mis huesos ya roídos
y construye con ellos un avión
que te lleve a donde quieras.

Esta borrosa noche
de relámpagos y duda
arrójate del tren
como un desamparado
o píntame los brazos
con un color barroco

entre naranja y gris
entre hormigas gigantescas
y caballos diminutos.

Esta moche terriblemente inadvertida
construye con mis huesos un velero
y navega los mares ya perdidos

y naufraga a cada paso por la calle
como si yo hubiera muerto
y una cruel desolación o incertidumbre
te quemara los tuétanos.

Los finales y las cumbres

Las frases demasiado limpias
no sirven para nada
y su perfume ni siquiera es arbitrario.

El aspecto y el color
son de mal gusto

y además
como en el amor
apestan los finales
y las cumbres.

La oscuridad desgasta nuestros rostros

Con el fémur de Hades
tristemente
muelen el maíz las mujeres afásicas.

Sus muslos transparentes reflejan
el verdor de la selva embrujada
y las estatuas escuchan sin querer
lo que piensan los hombres
tardíamente.

La oscuridad desgasta nuestros rostros
y las luces los renuevan
al primer canto
del gallo.

Cuando ladran los perros

Las mariposas nocturnas inundan febrilmente
los techos acolchados y las camas de hierro

dejan sus argollas de azúcar en los vellos nacientes
de la muchacha encinta
que duerme junto a mí
con los pechos repletos de miel clara.

Sus piernas se enroscan a las mías
y me espantan el sueño.
El calor de su cuerpo
retumba en las paredes.

Los rincones del sótano y mi alma
se llenan de humedad
cuando ladran los perros
y abandonan el sauce
los búhos solitarios.

La luna se esconde en un abrigo negro
y la gente va y viene sonando las bocinas
de sus coches antiguos.

En un instante majestuoso
su cuerpo se ha movido

para que yo pueda equilibrar mi fuerza
y la fecunda persistencia de sus poros abiertos
dejen pasar la noche en caravana súbita.

Vemos llegar el alba
con su sermón de cabras
y sus torres invisibles.

Vemos la luz desmoronarse
ante mis cantos expatriados.

La luz muerta ladra
de noche a los espejos.

Noche y día

El pájaro carpintero
con su pico plateado
taladra noche y día
los quietos nervios del abedul
el sol derrite la nieve superpuesta
de las altas ventanas neoyorquinas.

Las ventanas son residuos de plumas
y boñiga de palomas
y son luces que remiendan
los huecos de los muros
y maravillan a los pobres
transeúntes anónimos
con la calcárea soledad
que las derriba.

Desde la ventana de mi habitación observo la
nieve que ha cubierto clandestinamente
los hierros humillados y las falsas pisadas
sobre el falso suelo doblegando
ya en vano al abedul indiferente.

El pájaro carpintero con su pico plateado
ha creado su casa en mitad del peligro
y allí vive

al margen de los lujos extraños
que invaden a los hombres
noche y día.

La cítara encantada

Sin saber por qué las gotas de lluvia en la ventana
transforman a los muertos en llama o caracol

transforman a los hombres
en fantasmas y a los fantasmas
en ojitos de pájaro.

El hombre vivo
bruto
cuerdo
pálido
no comprende la luz.

Sin saber por qué el sol penetra
en nuestro cuarto embellece las paredes
y cura nuestro instinto con sus
dedos calcáreos de ovocito.

Sin saber por qué
el hombre y la mujer
trabajan sin cesar
y luego se despiden
conduciendo sus carros
por un despeñadero.

Sin saber por qué
nos esforzamos en tapar los agujeros
que dan sentido a todo
y pasamos los días a la espera
de no se sabe qué.

La muerte
cuando toca su cítara encantada
no se acuerda del sol
ni de la noche.

Los burgueses

Los burgueses vienen de los barrios burgos
comen hamburguesas y se ponen muy rojos
cuando pisan baldosas de granito
o se les brotan los ojos
y la piel se les vuelve de culebra.

Los burgueses no son los que trafican
con la piel de los negros o esclavizan
las aspas del avión
y mascan vidrio helado
en la farmacia.

Burgueses son los que cruzan las piernas
para hablar en los templos
y los que venden manzanas podridas
a los ángeles sin brazos.

Burgueses son los que no nadan ni fuman
ni se enfadan con la nieve ni se abrazan a sí
mismos en los parques.

Burgueses son los pequeños soldados que
arriesgan dos centavos envenenando el agua
que venden a los pobres en botellas de plástico.

Burgueses son la madre y el padre
y los hijos de los buitres
y todos los que leen este poema
mientras fuman
dormidos en un vagón de tren.

Yo sé de la humildad
de quienes vamos un domingo
a suicidarnos
es una humildad semi baldía
abierta a la mitad como un conjuro

y sé que los burgueses
de estas tierras tan negras
como un sapo
dibujan en los muros
hipocampos
cohetes
estrellitas.

Leónidas el grande

Las mujeres se dejan seducir
por el brillo del arco
la dureza y firmeza de la flecha

se dejan seducir por el olor del agua
más que por el vino
saben que la tierra es fecundada
por la luz y no por la ceniza
de los alcotanes.

Las joyas de la clámide del rey
adornan las cabezas
de las muchachas dulces
que esperan en los ventanales
al villano de los cuentos
al de la piel curtida y escamada.

Yo soy el rey Leónidas
defensor y portador de la ambrosía
hoy rodará mi cabeza por los suelos
mas no por eso seré derrotado.

Las nubes son de vidrio
y se detienen a veces a pensar.

Yo como las nubes llenaré
las cañadas de agua dulce
para que vivan
por siempre los anfibios.

Leónidas el turbio

Leónidas conversa con un anfibio azul
mientras la nieve desobediente y fría
produce dos tipos de olvido:
uno sofocante como las alas de un buitre
y otro tenue como tinta
que se rueda sobre el mantel
manchando sus colores
con el fresco olor del piano.
Su sonido es desértico y ambiguo.
La noche mide fuerzas con Leónidas el turbio
indefensa solitaria como la leche fresca.

La noche con la noche multiplica
iguales unicornios trastocados
fervorosamente divididos
en horas de un minuto.
El minuto parte las horas
en veinte cabecitas de pescado.

La piedra al romperse
deja escapar de su interior
un párpado de arena
con mil patas peludas
que suenan como suenan
las puertas al cerrarse o al abrirse.

La reina

La reina dice dos palabras ambiguas.
Cada palabra es un secreto dulce
inofensivo como dos gotas de vino.
La reina mira por la ventana de su cuarto
mira las flores del jardín marchitas.

Las muchachas
que la ayudan a vestirse
están desnudas esperando
para el baño
ante la rumorosa
alberca de cristal.

La reina dice dos palabras ambiguas
como dos gotas de vino
en la punta de la lengua dando suavidad
y contraste al pensamiento.

La reina se peina
a la orilla de su cama.

De entre las ranuras
de los setos solos
salen espantadas
salamandras.

Desarraigo

Desarraigo

Solamente los caníbales son puros.
Mi madre y mis hermanas
son caníbales.

Casi ya no tengo amigos en este pueblo deslucido.
Se han mudado no sé adonde.

A veces me rodean fantasmas
y poetas de voz grave y monótona.
Ellos dicen que son desarraigados
como las dulces ubres de las cabras.

Yo los convido a un festín perpetuo
donde la carne cruda excita y enamora.

Una gota de vino por cada litro de sangre.
A eso llamo desarraigo.

Las aspas del molino

Cada vez que salgo a caminar
me sigue una tortuga
tan pequeña que cabe en el bolsillo
de mi camisa blanca.

Cada vez que cierro las ventanas
en las noches de lluvia
siento que alguien está escondido
en un lugar secreto de la casa.

Salgo por la puerta del patio
a medianoche
y los perros me ladran
los grillos espantados
cubren mis sandalias

doy vuelta a la ciudad
en un tren de juguete
que se oxida en mi mano.

Tengo miedo a las aspas oscuras del molino
miedo porque se inclinan demasiado
y se pueden romper.

Los muertos

Me he sentado junto
a la chimenea con un libro
de Faulkner.
Busco mi rostro en un espejo
y hablo dormido a las paredes
siento que mis ojos están fríos
y grito
pero nadie escucha.
Solamente los muertos
carecen de bondad
y habitan debajo de una torre
sin piel y sin memoria.

Es demasiado triste hablarle al viento

Escribo este poema para ti
que lo ignoras.

El poema que escribo
se hace luz
para ocultar
su belleza.

Escribo este poema
sin pensar
en nada.

El pensamiento estorba las palabras
y las palabras ávidas sofocan
a los hombres.

Es demasiado triste
hablarle al viento.

Canción del pedagogo darwinista

Hay una luz debajo
de cada pipa rota
una luz natural de pedagogo síquico
con peluquín de papa
y huevo desprovisto
de sustancia darviniana.

Las pipas son de obscena incertidumbre
como ciertas pantuflas creadas
por la nieve.

El hombre ha presentido
en primavera
una luz indiscreta
como un piano.

Hay ansiedad y muerte
en la insondable luz
de los faroles.

Hay terquedad y duda
en los pañuelos blancos.

Hay trajes que cuelgan de las ramas
y calles tan angostas que se caen

al tropezar con el ínclito cadáver de mi otro
y muchachas tan bellas que ni existen.

Desde el balcón

Las páginas de un libro son como una casa sola
con balcones tan altos como nubes.

Quisiéramos entrar pero dudamos.
Cedemos nuestras pesadillas
a la noche que empieza.

Una mujer asoma a su balcón
vestida solamente con su desnudez
algo confusa.

Yo invisible y oscuro y solitario
doy saltos de alegría
sin saber por qué.

Ella se arroja del balcón desesperada
y muere.

No llames a la piedra “cauce”

Eso que se presiente en el diluvio de las formas
como un tren incendiado
no lo llames presagio
ni alboroto
ni penumbra.

Es una luz muy débil
que toca mansamente
el hombro de la mujer amada
con mis dedos de carbúnculo.

Eso que se escapa de la voz
de la memoria
del silencio
no lo llames contorno ni agonía.

No llames a la piedra “cauce”
ni al pantano “sombra”
ni al cansancio “torso de girasol.”

Llama si quieres al pavor
“luna de cuarzo”
a las plumas del ganso
llámalas “glacial pantera”
“carcajada.”

Solamente el azar salva los límites

Lenta prisa cerrada ensimismada
la ventana o el muro que fue un ala
una pluma en el polvo
abriendo hacia los corderitos
que se esfuman en lo negro.

La cruel invención de la belleza
y la doble envoltura de las pieles
adormecidas por el roce profundo
del tajamar persisten
se aceleran
y quedan luego al margen.

Una cabeza de sierpe prensada
con un ladrillo autómata
denota persuasión.

La única realidad de lo imposible
es el juego en el que se sostiene
que ninguna cosa es real o irreal

y que solamente el azar
salva los límites
de lo lleno en lo vacío
y viceversa.

Mademoiselle Cosette

Si no fuera porque son imperceptibles
las uñas enterradas en la carne de Cosette
niña con espejuelos y barbilla de trapo
que juega a ser princesa con sus trenzas de oro
y su vestido gris con flores blancas y unicornio.

La pobre niña huérfana ha crecido
y ahora es más hermosa que la torre Eifel.

Jean Valjean
su protector
su padre
traza con una tiza el linaje de las cabras
y el sol que la ha mirado
muere
y otro sol vuelve a la vida
con ganas de ser visto.

Cosette la niña que emergió del lodo
se ha casado para ser feliz
pero las trampas de los pinos crecen más pronto
que una pradera ebria entre los párpados.

La muñeca de trapo de la niña Cosette

Con su muñeca de trapo descosida y fea
Cosette juega a ser feliz
ante un espejo.

Sus hombros
sus pequeños hombros descubiertos
y sus nalgas pintadas en su vestido largo
atraen a los carteros picados de viruela.

Son felices a esta hora los almendros coléricos y
los perros barbados de Montmartre.

Crecen en verano las venas de las puertas y las
nubes se amontonan sobre el río
por donde va la sangre de la golondrina
zigzagueando.

Durante toda la noche los judíos
se frotan las narices y comen cacahuates
y se pintan los labios con vómito de araña.

Tienen debajo de la gorra un mordisco de cobra
africana y penetran en las casas de los pueblos
enemigos con honestas propuestas de banqueros.

La muñeca de trapo de la niña Cosette se esconde detrás de un maletín de cuero de cocodrilo.

Cuando los ruidos se distancian de las paredes ultrajadas la muñeca de trapo de la niña Cosette abre una ventana para escupir afuera y todo el barrio judío protesta ante la ley.

El monarca de los cuentos rusos

Acoso

¿Es real la luna reflejada en la arena?

Real o irreal el cielo
es una trampa
y la luna ávidamente
su carnada.

Los hombres a los hombres acosan con su vulgar
sentido de humildad engañosa.

Una brasa recorre
los élitros del párpado.

La realidad es un negocio bárbaro
sonoro
entre rufianes de Inglaterra
y Norteamérica.

En el acuoso juego del acoso
que en el ocaso acaso trama
la sordidez abrupta de Dioniso
sólo es real lo que no existe.

El ojo de pescado

Todo parece coincidir en dos hojuelas de cartón
que imagino concéntricas y alargaduchas
y sin color ni aroma como la cáscara de arroz
o el ojo de pescado.

Y es así
sin descripción alguna
como suelo explicar lo inexplicable
de la falta de voluntad
en la personita que juzga
con alguna razón misteriosa
a un hombre laborioso
y consciente
y lo juzga tan mal
que ya no puedo ni hablar
ni estar callado.

¿Cómo puede uno hablar del vacío sin sentirlo
o hablar de la muerte sin morir
o de la vida sin haberla vivido?

El monarca de los cuentos rusos

La certeza de todo es lo que te aleja de todos
la certeza insensata de que todo
es pesadumbre y desarmonía
la certeza de que nadie te dará lo que vales
a cambio de que te muestres por siempre
receptivo y domable.

¿Te acuerdas del monarca de los
cuentos rusos?

Él no pudo ni supo concebir la ambición de
alegría de su hermano menor
y cayó en una de esas trampas de frivolidad
que hoy se acomodan a los cuellos tiesos
que deambulan por toda la plaza.

Torso de Venus

¿Es real ese torso de Venus
que recupera los brazos
para abrazar el aire ardiente
de los parques tropicales?

El puercoespín conserva en estado gaseoso
el abrazo de la mazorca podrida.

El instante se humilla para proclamarse
rey de la unidad y del peligro.

Todo se agita en contra de una ley mayor
a las leyes de nuestro conocimiento
de la verdadera causa
deplorable como todas las leyes
que se dictan para humillar a los otros
y por las cuales uno mismo
es humillado y condenado.

La verdadera causa de los torsos de nieve
es la roja espiral del vino en nuestro vaso.

La Venus se acerca a la ventana
como una golondrina
que sueña un hipogrifo debajo de la nieve

inquieta nieve pánfila
dichosa
que acaba convirtiendo su blancura
en una brisa arcaica de domingo.

Los niños turcos

También los niños turcos en piyama
tienen las cicatrices de los árboles viejos.

En Santo Domingo se queman
los cimientos de las últimas llagas peregrinas
y no se sueña una astilla de sol cada mañana.

No hay regreso que torture
los límites de la desesperación.

También los niños turcos
con muletas hidráulicas
y los niños antillanos
con resina en la garganta
se pegan a los huecos
que abultan las paredes

y sus muelas en llamas
dando forma a este grito
aprenden lentamente
la perenne rebelión del bogavante.

También los niños turcos tienen padres franceses
y una madre educada y un ángel que los cuida
de las bombas atómicas.

Una voz en pedazos construye una ventana

Una voz en pedazos construye una ventana.
Una voz en pedazos reconstruye el azar.

Es mi voz que se traiciona siempre
con el mismo desorden del viajero.

Es mi voz desempolvada y ronca
pardusca lenta macilenta
y la ciudad que vuelve de la orilla del rocío.

Es mi voz que se rompe
y sigue entera.

Son también las voces de los otros circularmente
cóncavas y lúcidas
y son el pedernal
y la guadaña
y son los ojos tensos del coyote
y las flores de artificio que decoran
el sombrero de paja de los muertos.

Yo estoy callado aquí
en mi cama sintiendo
lo que piensan los hombres
y los dioses a esta hora.

El círculo se cierra

Hay un olor a uva en cada
piedra desplomada
y un cementerio palpitante en la sonrisa
usurpadora del vendedor de calamares
o de los navegantes perdidos
en el destello de un cabello
o de los banqueros que quieren
hacer de cada hombre
un trozo de su propia corbata.

Hay eso que se encoge
y eso que se expande
y ambas cosas pueden
medir nuestra existencia.

En la expansión del instante
el círculo se cierra.

Y acaban siempre marginando su estribillo
la cera de los labios
la cera de los ojos
la cera de la voz
acerando sus puntos de excepción
y contingencia.

Dibujo de un mamut

Hay cosas que tienen como espejo
una grieta en el centro.
Hay orillas que no tienen lugar en la distancia
orillas aleatorias
a través de las cuales
los barcos permanecen
atentos al desplome
y aunque se pierde en la memoria
la caricia de la madre ultimada
hay algo del mamut
que destierra al monóculo.

Palabras inmortales

Hay cientos de miles de océanos
parecidos a la piel de la hiena
mas el brumoso ojo de la tortuga
desabrocha el caparazón de su enemigo.

Los arroyos se desvían del arco de sofocación
como los maleficios de coral
de un estertor magnético.

Cuando una roja escama de absorción se desliga
de la cúpula de fuego
de los laberintos sentimentales
los poetas siguen una sola linea
de ignominia lírica
o se detienen a medir sus gordos pensamientos
de tal modo que se resbala de sus labios
una baba perfectísima
translúcida lunática perversa.

Yo prefiero palabras inmortales
con las cuales defenderme
de mí mismo.

El corsario

Por los residuos de calor de nuestras aprehensiones
y desórdenes intentamos huir del mal destino
que recome los bordes macilentos de la lengua
del corsario. Cuando está distraído
es más temible el inocente colibrí apagavelas.

El corsario acomoda su cabeza en un cajón dorado
para podarse la barba con las uñas y percatarse de
la cara pintada de las niñas ebúrneas
que intercambian orquídeas
por fingidos orgasmos telepáticos.

Las palabras descuartizan nuestras sombras
reflejadas en los suelos de los baños eclécticos.

El corsario camina bajo el sol de las doce
hasta que sus huesos recobran sobriedad
y se mira las manos
y se toca las esfumadas líneas de la cara
con esa ternura avasallante que rodea lo intacto
se arremolina en el fondo de su hamaca
y se deja invadir por las hormigas.

Pequeño círculo del vaso y la memoria

Las inquietantes profecías del volcán

En mi mente
a veces
no sucede nada.

Se nublan desiguales partículas
de vidrio en mi garganta
materia de alguna pesadilla perniciosa
o leve.

Un agujero del cielo en la plantilla del zapato
rodeando con su luz la órbita del suelo
donde se teje un fragmento de soledad
indefectible.

Algunas luces en mi mente
se doblan como arañas.

Mis palabras destejidas
mis huérfanas palabras
soñadas por la muerte
desordenan y armonizan
las inquietantes profecías del volcán.

Celebra el optimista

Por el ceniciento cielo de la ola
despótica planicie momentánea
la armadura entre guijarros
y lunas por mondar
va quebrándose la voz que no
cede al pesimismo cerbatana.
Nada ni siquiera el instante
ni la dicha por oscura
ni por amplia claridad
juega rueda se acelera
y ya todo acontece en el cielo de la ola
y el pecho que ha de recibir el dardo
se empinan fosforecen
yunque y ancla
y alguna nueva trayectoria secular
hiende o extermina
simulando vidriosas manchas de sudor
el optimista reduce a sedimento lateral
a escombro rutinario y rutilante
la ola que es un cielo indecoroso
supersticioso grave hondísimo
con el cero lacera la cera
sedicioso marfil del vino.

Buda

Quemadas por un exquisito lirio tácito
tus aureolas se funden fidedignas
y caducan de minuto a minuto
sin perder condensación o albura.

Sin embargo está sujeto a formas intangibles
el brujo flujo gris de la existencia
y se anillan a sus discos de tungsteno
dando luz a las palabras por venir.

Se encoge brevemente el precipicio del instante
sin ser jamás domados los ejes de control
que empujan nuestras sombras
hacia el discreto centro del mandala.

Transparente ubicuidad amnésica
se asombra y no mi sombra ante
la umbría somnolencia oblicua
y la calambre urdiendo cicatrices y corales.

Mi cuerpo se ensombrece con su sombra
y se vacía
dando luz a mi sombrero
y repitiendo las calles
con pisadas que no son

mientras la calle por el valle bulle
y buda con mi sombra se ilumina
y calla.

Convicción y paradigma

Se llama hechizo y paranoia albura
sinrazón o niebla
a este oleaje perdido entre reflejos diamantinos.

A los que callan y se alegran del mal tiempo
dale siempre la razón y un epitafio.

La hembra del somnífero me llama
con un destello de aromados lotos
que hacen sangrar los cielos falsos
y yo cedo al desenlace
convicción y paradigma.
Me aprisiona y se aprisiona sin querer
en un cuartucho a medio iluminar.
No sé si es demasiado este ir y venir
del huerto al huerto sin pisar la hierba.

Sólo sé que es contagioso el mundo
y que nos duele a veces despertar.

Un cuerpo tan delgado y tan etéreo

Como lámpara de aceite en el umbral vacío
se sostiene sola mi bruma parpadeante
en ese limbo donde estaba el mundo

y tan humilde mi existencia salvaje
a dos metros del suelo como un buda
elevado al punto máximo de su extinción
armónica inmutable

yo
si hay un yo que pueda irse
en hombros de sí mismo
o extenderse
y quemarse en el salitre
de los soles distantes

camino con mis pies descalzos
contento de saber
que el suelo todavía
puede sostener un cuerpo
tan delgado y tan etéreo.

Pequeño círculo del vaso y la memoria

En un frasco vacío luminoso y candente
arde la lluvia mansa que nos desespera.
Guardo mi corazón en un periódico sin letras
y guardo un caracol con alfileres negros
y una promesa del sándalo cortado
pureza inalterable que habita en la materia

unido y desunido y sin destino
en la brisa que no sabe medir su propia
transparencia

invoco cierta fuerza contraria a mi organismo
como un loto cerrado
me despojo de todo argumento
y de toda ansiedad
ante mi propia similitud dormida
sobre las plantaciones de arroz
sobre las aguas lentas que ondulan levemente

toda lumbre coloniza solubles vendavales
y concierta almáciga elección
contra la duración y la cesación
contra el pequeño círculo
del vaso y la memoria.

Contraste

Surge una voz y se prolonga
una luz irresistible que se disfraza
de esa voz fibrosa de los filos
del nombre.

Con pálidos paraguas de sorda piel tostada
acude a mi llamado el dios vencido
por la luz que mana de mi herida.

Y esa lluvia instantánea de los martes
y el eco de cada silogismo en mi mantel
vertido en polvo y pluma
porque es la angustia recortada y pulida
una palabra que destila cansancio
una palabra que no te dice nada
y sin embargo...

Esto que sólo yo te he dado
mundo ¿se lo traga el hastío?
¿se lo lleva la muerte tartamuda?
¿permanece distante de sí
cercano a sí
el no enjaulado no
de todo sí?

Lapislázuli

El lapislázuli cubierto de cera cristalina
como el ojo-colmena diluyendo el azar
como el ojo-sedimento de lava
recién vertida en el frasco de mariposas
que se fugan.

Las mariposas recobran el grandor imposible
de las cosas imaginarias que no sabemos
hasta qué punto coinciden
en dejarnos su firme voluntad
de hilvanar mundos

y cuyas alas se vuelven tan pesadas
como nuestras vidas
que creemos tan llenas de todo
como la paja que rellena nuestro asiento
nuestro confort ultra dimensional
y nuestras risas que son la piel
agusanada de nuestro yo real.

Pequeños bloques de aire

La brevedad del cielo del que se desprenden
como lentos rayos
rudimentos de abeja degollada
la rancia beatitud diseminando el orden
como pequeños bloques de aire
donde ya no hay aire
la sed larvaria de nuestra extraña
ridícula ascendencia
de hombres-cadalsos
hombres-cangrejos desecados
hombres-víboras con ansias de ser paja
hombres mitad hiena mitad vómito
mitad escalofrío mitad fiebre.

Todo es del control
de una súper-mente
que no sabe sino medir
y afincarse más allá
de su propio terreno

ávida y vigilante
como una mosca
de veinte mil patas
que todo lo asfixia con rozarlo.

Una sierpe una corona

Un trozo de tela colgando de un palito en el aire
es más caro al hombre-cabeza-de-asno que una
sola palabra de honor.

El hombre-silueta-de-simio
silueta enroscada al humo y al vapor
metamorfosis de su propia súper-dinastía
que llama sigilosa hipótesis
de nervios-de-ojos-de-verdugo nuclear
y gases que atraviesan una hoja
recién cortada al huevo de la lámpara.

Rojo aplauso vertical que ajusta
a las cabezas despobladas
una sierpe una corona.

La desconfiguración de la luz

La desconfiguración de la luz

Se va del árbol
su follaje agreste
y de la voz su hondura cautelosa
y del ahogado
en su propia coraza maloliente
se van desfiguradas hormiguitas.

Se va la luz
de una vela
en su velero
astilla de los huesos
para siempre.

A las cuerdas del arpa

Se tiene por deseo de la zozobra
una especie de pánico
a las cuerdas del arpa.

Alguien del otro lado pide ayuda
también yo pido morir
bajo la lluvia en Montreal

con la cabeza en blanco
y la garganta en blanco
sosteniendo mi mano
en la baranda
que yo imagino aquí
en este hueco de la realidad
cosido al pecho

con una cinta roja
de Antonin Artaud
y unos versos terribles
nunca escritos.

En una aldea en mi país

Con la pureza en graduales alcoholes de cemento
escribo: ni vivo ni muero
estoy en una aldea en mi país
donde nadie sabe quien soy
ni yo tampoco.

Aquí
bajo este árbol murió
del vedrinismo Vigil Díaz
con su bastón de París
y sus corbatas de oxígeno
y de anhelo
y sus palabras entrelazadas
a las hojas del almendro imaginario
que yo como epitafio disemino.

La mariposa
en el pulgar de Kurosawa
desaparece
y alguien asegura haberla visto
aquí donde se cierra el silencio.

Los hombres en la guerra

Los pulmones colgando de los parabrisas l
os endebles pulmones vengativos
y el brote maligno de la ola en la bilis
y el mercurio que baja de la oreja
como una nota enferma de su piano
y los símbolos que tardan veinte años
en convertirse en alguna cosa de la realidad
y todos en sus rápidos paracaídas de rescate
no fueron rescatados por sus sombras.

Piedra molida

Guardados en una cajita milagrosa
con perlas y cantos japoneses
y dragones en la punta de la lengua de jade
(también lo escribe Vladimir Holan
sobre una aorta)
están (de nuevo los plurales)
una coma y sus diez adjetivos
un silencio tan diáfano: la muerte.

El movimiento de la mano
conteniendo los dados
que arroja Mallarmé
sobre el ojo abierto del ahogado
que finge ser espuma
y es piedra molida
que brota de sus labios.

No es necesario que te acuerdes ahora

No es necesario
que te acuerdes ahora
de algo tan tonto
como esto
que sólo hace llorar.

Esto que me impide ser la parte activa
de todas las cosas.

Esto que nadie puede reclamar
como propio sin morir.

Esto es un canto liso y verde
un canto tosco y negro
como piedra que perdió su brillo.

Lo demás cobra forma
muy leve ante el robusto
aroma de los árboles.

La desgracia ajena

Vivimos con la certeza de que allí
adonde vamos
ya nadie nos espera
con la bondad de siempre.

Tú puedes hacer de la desgracia del otro
tu propia desgracia:
basta con invertir los papeles
y cambiar de vida.

Todo viene a ti para despojarte
de tu propia verdad
y no siempre te deja algo mejor.

Esto que hace enrojecer tus párpados
y que tanto desaliento te traerá después
apártalo.
Tu instinto y tu conciencia
no te engañan.

En alguna otra parte

Es el momento en que decides irte
del lugar al que posiblemente llegaste
con retraso

y te ves cada vez al revés
como el pez sin escama
o la sed escamada
y el péndulo en la botella

cuya superficie no hace sino alargar
la desemejanza de un rostro
de un paisaje demasiado abultado

y luego que todo ha quedado
en alguna otra parte
sientes el mismo vacío
de las almas que te iluminan.

El hilo de lo que estoy pensando

Te he dicho que callo demasiado
porque temo perder el hilo
de lo que estoy pensando

en el momento en que me quedo callado
para luego decir que era lo mismo
esto que puede ser dicho
de tantas maneras caprichosas

o simplemente quedarse así flotando
en las cabezas
como un instrumento intramental
como un alivio...

Que te apartes de todo aquello
que es bullicio y certeza
para que puedas intimar
con las cosas que de veras te importan.

No es necesario que se cumpla tu palabra

El camino está bloqueado
por los pasos del prójimo
y ahora no sabes regresar
a tu punto primario.

No es necesario que se cumpla tu palabra
en virtud de la desesperación de todas las vidas
que vives o has vivido
en este único instante
que es ya el último.

Que no se cumpla tu palabra o la mía
¿a quién puede importar tanta ilusión?

Si tu silencio ya se cumplió antes
¿para qué poner tanto en tan poco?

Esos lugares que alguna vez quisimos

Pauta

Decides no estar en el lugar donde estás
para estar donde no estás
y así volverte necesario
para aquellos que coinciden
en ser una pauta para sí mismos
y una pauta para los demás

y todo lo ven tan limitado
aunque sobre lugar
para cientos de cosas
que no pueden ser medidas
ni obtenidas por sus sombras

y así la luz del mediodía
inventa pesadillas para el lago
y nuevas pautas para el aire
pleno de las puertas sin abrir
lento mecanismo de aniquilación
intermitente
remembranza y vacío
de lo que no termina.

La piedra del molino

La corteza de una mirada
que se prolonga
en la luz intermitente de los lagos
que se encogen

alcanza un olvido memorable
una expansión irreducible
de cascara de huevo
y turbación

y luego está el contraste
intercesor o abrupto
manando de las hélices
del barco

en la imposibilidad
de lo que avanza
o retrocede

quiere ser piedra la piedra del molino
quiere ser agua el manantial perdido
quiere el árbol retornar al árbol
y la luz a su sombra a su intemperie.

Los espejos interiores

Corteza de la visión soluble
para que se distancie el crecimiento
de lo presentido
que se dice trivial y necesario
como un coágulo excesivo
o una esquizofrénica mampara

el vendaval transmite señales de humo
y continua el falso trayecto
de un cielo sin corteza ni color

alto dogma de ecléctica ecuación
nuevas señales de humo
se une a su muro de sombra
la mampara que divide
los espejos interiores
como una repetición de días y noches
deshaciéndose.

El cordón negro que atraviesa la bombilla

La desfiguración
que configura un manto de rosas
para la audacia del cordón negro
que atraviesa la bombilla

y esta parte que viene
de tu vida a la mía
haciéndose compacta
y necesaria como un atardecer
o como un sueño.

La configuración
de todo intento de cordura
bajo la gran fiesta
de la devoción inmaculada
de los monos cabezudos
que repiten una frase aprendida
en la ciudad
se comprime como latas vacías
cuando desnuda
me enseñas que hay un mundo
que a nadie pertenece
pero que podemos iluminar
tocando el aire.

La lluvia está cayendo todavía

El algodón con el que se sostiene
una roja pústula de niño embalsamado
vibra como un accidentado marfil retrospectivo.

Es una pústula de lengua de caimán
lengua de ojos de culebra
como carpa de circo
y monitos pintados al dorso del arcoíris.

El algodón es blanco y liso
como una culebra sin ojos.

Las últimas llamaradas
dejaron huevitos de camaleón
sobre la playa desierta.

Los monitos pintados en cada hueso roto
memorizan el calor de los árboles atentos.
Es de color de paja la piedad de los tontos.

Vuela como una piedra
la frágil sombra de los alcotanes.
Se viste de pez la luz más clara.
La lluvia está cayendo todavía
en el vasito de cristal que inventa el fuego.

Esos lugares que alguna vez quisimos

Se ha reducido tan temprano
se ha desplegado y marchitado
el ancla sin sonido del sonido.

Las alas sin color del espantapájaros
continúan la pausa de las neutrales
circunstancias del óxido fortuito.

Esos lugares
que alguna vez quisimos
se desvanecen

se desvanecen las piedras
y los hombres
tiembla como un acordeón
el huevo frío de telepático
aislamiento.

Gema

He visto que me arrancan los ojos
con un rudimentario oleaje de palomas
y los ponen en una cajita de sonido
para que yo domestique a las hormigas
que exorcizan mis gritos y mis sueños.

Ellos tan distraídos en sus artes
de purificación momentánea
escarban en mi pecho con sus pinzas doradas
hasta encontrar la gema que los hace alucinar.

Las aventuras caprichosas

He visto que las nubes se disfrazan
de túneles tan largos
túneles que se atraviesan
a si mismos en invierno
destejiendo los arroyos
sin ruido de mis venas.

He ido amontonando los huesos perfumados
de las niñas que se muerden los labios con lascivia
en un tren que descarrila bajo las alfombras
de los hospitales.

He recorrido solo las calles trashumantes
de Londres
las calles asfixiantes de Manhattan
las calles de Moscú con sus mujeres altas
y sus perros de yodo sempiterno
que esconden entre sus patas
residuos virginales de camaleón
uñas falsas y cabellos de quinina
un verso de Mayakovsky
en un papel doblado
y una estatua de Lenin ya deshecha
girando en la ventisca

las calles de París llenas
de ciegos y de alondras mecánicas
anchas y exóticas
sin aire verdadero
en las que todos sienten
una repugnancia necesaria
y te lo dicen
te repiten lo mismo veinte veces
hasta que se te olvidan los versos de Villon
las obnubiladas calles en forma de botella
que ahora me recorren bajo las horas frías
de esta calle de disección.

La vigilia de todas las islas

La vigilia de todas las islas

Con huraños fermentos de algas
y risas volubles que tejen un vuelo irisado

espejismo de avaro trastorno
del juego de ser una espora
en la brizna que ampara el cuidado
reflejo de un algo

vemos que sólo perdura
la luz o lo intacto.

La luna se oculta en los granos de arena
y reviste la seda y el temple
de un rostro marchito surgido del aire
de tantos planetas aislados

por los pozos rojizos de sal
y el oro que salva una selva
y un muro incrustado en la
sed del molino de pronta epidemia...

un anillo que pierde redondez
una libélula que empieza a derretirse
un grito que quiere ser aldaba
y muchedumbre

un esbozo de algo que no sabemos
su lugar en la tierra.

No importa sino la alegría de un solo momento
en la vida de los escarabajos que se demoran
en la construcción de la vigilia de todas las islas
sedimentadas.

Subo desde el fondo de mi propia altura

Voy ardiendo y cantando mi dolor sin acordes
sin hechos que me expliquen o cifren o aprisionen
sin recuerdos de mí volcado en mi decir.

Y voy por las raíces
de los vientos extintos
con una gasa de arcilla
en los pulmones
y un enternecimiento
de oruga venenosa
en cada ojo demolido.

Subo desde el fondo de mi propia altura
a ponerle un semblante a mi semblante oscuro
y una doble armadura a los presentimientos
y una sutil interrogante
a los que succionan mi sonrisa
y elaboran mis pánicos
con ramitas de escoria.

¿Quién pone sus relojes
a enredar mis horas
en el último amparo
que se fuga?

Invento una caída

Caigo y me reduzco a pozo seco
a nieve amontonada
a tubo por el que baja ardiendo
toda la podredumbre humana.

Bajo como quien sube
de las pesadillas del otro
y se percibe obtuso
y escleroso
y desmedido
como una puerta estrecha
que nos obliga a reducir
nuestro tamaño

pero una vez atravesada la
puerta toma forma
de almendro polvorizado
cuyas hojas se rebosan
de lumbre y metafísica.

Escarcha melodía

La muerte empieza allí
donde termina de doblar
sus cuatro lágrimas el polvo

o en las voces de polilla
y de escarcha
que nos dejan sus clavos
de azúcar magullados
entre los tímpanos.

Adormecidos por el canto de las agujas
a las que ensartamos nuestras glorias fallidas
nuestros pañuelos ondulantes
como armaduras perfumadas
los trenes al pasar
se encogen de mis hombros.

Visión del transeúnte

Yo me quedo esperando
entre dos sótanos la nieve
aunque la nieve duele menos
cuando no se le espera.

Yo me desangro por las calles
desde los mil transeúntes
que me desconocen
los transeúntes de una
ausencia infinita
en mi persona.

No he de crecer dos centímetros
de mi tamaño original
para que se complazcan en ver
la dimensión de un alma que no cabe
en sí misma de tan chica.

El monstruo de mí que son los otros
y tal vez el monstruo de los otros que
yo he sido tan sólo para mí.

¿Esto es el destino
de todo lo humano?

Lente magnético

Se agrandan como en los sueños
de los muertos las casas sin puertas
colgadas de sus propios muros
sofocados.

Se agrandan los espejos caníbales del aire
que envuelve una piyama desligada
del polvo de los astros

y aunque suda y se retuerce
y busca equilibrarse en nada
el hombre está atrapado
en la red de sus pasos.

Puerta de escape

Puerta de escape

Vemos en cada puerta una fuga
y en cada fuga un des-nacer
una degradación que no coincide
con el crecimiento de las uñas
o de los árboles.

Y pensamos que la muerte
está tan sólo allí
en lo que vemos
y no en lo que pensamos
de la muerte.

¿Qué vemos en el agua
sino el polvo acumulado
en la superficie
de los temores ondulantes?

Una puerta se abre
mil espejos se rompen.

Una puerta nos deja
al dorso de sí misma
y al dorso de los otros
encerrados
en una herida que se ahonda

cuando llueve.

Una puerta para escapar
de aquello que nos persigue
y tortura
con un embudo de fiebre
y un alfiler en llamas

y la gangrena de los pájaros
como un zumbido largo
entre las venas
porque los pájaros
fabrican la tristeza del mundo.

Los pájaros son puentes de ceniza.
Una puerta se abre hacia los huesillos
de su propia ofuscación.

Huimos sin saber
que la huida es desde el otro
hacia ese otro que jamás veremos
sino con insistente neurastenia.

Vemos crecer la ciudad
en los páramos del ojo
y vemos en cada pliegue
de la máscara el rostro
que la esconde.

Y el mar llena sus huesos

de feroces libélulas enfermas
y arde y muere y se agusana
como un jardín de pasos
en la noche colmada de hipocampos
y de gritos.

New York, 1996

Puerta del odio

Los que arrancan
sutilmente
mis élitros
y borran mis sueños
y perforan mis turbias
camisas con brasas
y cuchillos
los que odian mi
único dilema para el polvo
y la alegría que cedo
al vagabundo
los que ponen mis ojos
bajo sus almohadas
como un incendio súbito
pequeño

rodean como el monte
una mínima flor
que vibra o se renueva
con el sol de lo extraño.

Limbos imaginarios

Los tiernos alacranes
que habitan en el hueco
de los muros altísimos

y de los pechos que son aire
lo mismo que esos globos
de la imaginación
que contienen una parte del cielo

en el nudillo de las cabezas bermejas
se dispersan con tan liviana soltura
como si cada cosa flotara por su cuenta
en el interior de una misma
burbuja despistada

un solo desenfado de las ponzoñas
y cada cosa en la burbuja o en el globo
que refleja un pedazo del cielo
se desploma

y se desploman otros mundos iguales
al carbón de lo impalpable
mundos de acolchado presagio
que nunca se perciben de otro modo
excepto cuando al fin morimos.

Una capa de hielo

La luz transforma el aire
y le da vida
el mar trasforma el cielo
en otro mar sin olas.

Son cárceles el aire
la ciudad
los nombres y las cifras
y los cuerpos.

Una capa de hielo
nos separa de los exactos
vaivenes del cuchillo

mientras se repiten
con delicado impulso
la caricia y el fuego.

Mientras espero el tren en Montreal

Mientras espero el tren
en Montreal
con el desdén de los trajes
de bello colorido
y la erizada sensación
de volar o de ser
herrumbre y caminata
a solas.

Todos se miran tan distintos
tan extrañamente desiguales
y se buscan bajo el polvo
de los zapatos como en la grieta
de todas las fugas.

Abren mis venas
los ávidos buitres
de la melancolía
y pasan las agujas
el alcohol de sus sedas.

Índice

Niveles de sospecha

Cuando ladran los perros

Desarraigo

El monarca de los cuentos rusos

Pequeño círculo del vaso y la memoria

La desconfiguración de la luz

Esos lugares que alguna vez quisimos

La vigilia de todas las islas

Puerta de escape

Colofón

Esta tercera edición de *La vigilia de todas las islas*, de José Alejandro Peña, se terminó de imprimir en febrero de 2021. en los Estados Unidos de América.

Obsidiana Press
publicatulibro.eu
obsidianapress.com

obsidianapress@gmail.com

www.ingramcontent.com/pod-product-compliance
Lightning Source LLC
LaVergne TN
LVHW051009080826
845145LV00009B/2528

* 9 7 8 1 9 6 0 4 3 4 1 7 3 *